Words of Wisdom ワーズ・オブ・ウィズダム

……心のノート……

西園寺由佳

白光出版

はじめに

まずはじめに、この本を手にしてくださった皆様に、深く感謝申し上げます。

私はこれまでに、何かを成し遂げてきたわけではないし、むしろこれから自分の道を歩みはじめようという、そのスタートラインに立ったばかりです。

そのような私ですから、本を出版することが決まった時は、喜びと戸惑い、感謝と不安など、さまざまな思いが込み上げてきました。

でも、もしこの本の中のある一言、一枚の写真が、誰かの心に留まったら、そして、何かを考えたり、ちょっと視点を変えるきっかけになれば……という思いを込めて、この本を世に送り出す決心をしました。

もともとこの本に載せられたものの一部は、人に読んでいただくために書いたものではありません。それは、私の母（西園寺昌美）から与えられた課題のようなものでした。私はただ、それぞれのテーマについて自分なりの答えを見つけ、シンプルに書き連ねていったのです。

しかしある時、それらの〝答え〟を多くの人に読んでいただくことになりました。最初は戸惑いましたが、幸いにも、「よかった」とか「癒された」とか言っていただけるようになりました。

私はその後も、今度は自分の心に浮かぶさまざまなテーマについて書きつづけました。そして、それらのエッセイに、私の好きな写真をちりばめ、こうして一冊の本になったわけです。

この本に書かれていることは、あくまでも私自身の物事の見方であり、考え方であり、答えです。私の〝心のノート〟です。それが正しいとか、間違っているとかは、あまり考えておりません。一〇〇人いたら一〇〇通りの答えが出てくるものであり、私はそれが大切だと思うのです。ですから、この本に書かれていることも、そのうちの一つとして読んでいただけたらと思います。

今、この本を読み返してみて、改めて答え（真理）は一つではなく、私たち一人一人の中にそれぞれ存在しているものなのだということを確信しております。

ですから、この本を読んで、ご自分の心の中にひびく別の答えを見つけられた時には、是非とも紙とペンを用意して、それを書き記していただけたらと思うのです。それは、あなただけの〝心のノート〟になるはずです。

この本がそんなきっかけになったら、とても嬉しく思います。

最後に、この本が出版されるにあたり、たくさんの方々のご協力をいただきましたことに深く御礼申し上げます。

著者識す

世界人類が平和でありますように。

二〇〇四年六月

目次

第1章

本当の自分を見つめる

孤独について

時にふと、自分が孤独であるように感じられる——多くの人がそう言います。日常の中で、自分を認めてもらえない、自分の努力が報われない、人に理解してもらえない、気づいてもらえない……そういう時、人は自分と周りとの間に大きな距離を感じたり、周りから疎外されているように感じたりします。それが孤独感につながっているのではないでしょうか。

でも私は、人は孤独だと感じている時は孤独ではない、と思っています。本当に孤独な時は、生きてゆくことに必死で孤独を感じる余裕もないと思うからです。

天涯孤独の身の上でも孤独を感じずに、幸せに生きてゆく人もいます。逆に、多くの人々に囲まれて生活しているのに、孤独を感じて仕方がない人もいます。

では一体、何が「孤独」という気持ちを生み出すのでしょう。

私たちは自分自身を見失ってしまった時、孤独を感じるのではないでしょうか。自分という存在を見失い、他人にその答えを求め、自分の存在とは何かを探し求めようとする。しかし、その問いには誰も答えてくれない。誰もその溝を埋めてはくれない。そういう時に、自分の中に孤独感が残るのではないでしょうか。

自分という存在を自分が理解していない時、自分に自分自身が見えていない時に、他人にそれを求めても何も返ってきません。そんな時、誰も自分を分かってくれないという思いが生まれてきます。でも一番分かっていないのは自分自身なのです。

自分を見失うとは、人間の本来生まれてきた理由――この世になぜ生まれ、どう生きてゆくのかという真理を忘れて生きることです。それゆえ、真理を知ることが孤独感を消す方法なのだと思います。

確かに、誰かが側にいてくれたら孤独な気持ちは消えるかもしれません。しかし、その人がいなくなってしまったら、また孤独を感じてしまうでしょう。その繰り返しでは、自分の心が根本的に「孤独」から離れたことにはなりません。それではまだ、自分の中に答えを見つけきれてはいないからです。

孤独の原因は自分の外に存在しているのではありません。答えは自分の中に存在しているのです。真理を知るということは、本来の自分に出会うということです。自分の中に存在している魂に出会うこと、あるいは自分を常に守ってくれている大いなるものの存在を知ることです。そして人は遥かなる宇宙とつながっていて、宇宙の大きな法則の中に存在しているということを知ることです。

そのことを知ることは、とても大切なことだと思います。それをしっかり感じることが出来た時、きっと心の中の孤独感は消えているはずです。自分の中の偉大なる力に気づいた時、自分自身の存在はより明確になり、生きる喜びや目的も自分の中から溢れ出てくることでしょう。

人が生きてゆく上で一番大切なこと、それは自分の中に真理が存在していることに気づくことだと思います。

優しさ

私は小さい頃から、誰かに「優しいね」と言われると、とても嬉しく思う反面、心のどこかで「何か違う……」という気がしていました。

それは、私がことさら優しいのではなく、周りにいる人たちが皆、私に優しく接してくれるから、私は安心して、自分の優しい部分しか出さずにいられると感じるからです。

すべての人は生まれながらにして優しさやあたたかさを持っています。しかし成長してゆくさまざまな環境の中で、もともと持っていたその優しさが引き出されるか、あるいは隠されてしまうかの違いがあるだけなのだと思います。

確かに、誰しも生まれ持った性格というものはあります。慎重で真面目な人、冷静沈着な人、情熱的でエネルギッシュな人……などなど。慎重な人に対して

「大胆になれ」と言ったり、情熱的な人に「冷静になれ」と言っても、それは難しいことです。人には生まれ持った個性があり、もともとの性格とは違う個性を出せと言われても、なかなか出来るものではありません。

しかし「優しさ」とは個性や性格ではなく、誰もが必ず持っているものなのです。ただ、それを上手に表に出すことが出来ているか、それとも外に出せずに内に秘めているかの違いなのです。

なにげなく町を眺めてみても、そのことがよく分かります。不良と呼ばれるような少年がおばあさんに愛想もなく席を譲っていたり、無口で怖そうなおじさんが映画を見て涙を流していたり、仕事場では厳しい女性が恋人と会っている時は優しく微笑んで話していたり、ホームレスの人が少ししかない食べ物を一生懸命鳥に分けてあげている……。そういう光景を目にするたびに人間ってなんて素敵なんだろう、と思ってしまいます。

どんな人にも、優しさは必ず内在しているのです。それを表に出すか、心の中に秘めたままにしているかなのです。

優しさを表に出すことが出来るようになるにはきっかけが必要です。そのことに大きく関わってくるのは、人を取り巻く環境です。普段から優しさに包まれて、優しさに接していると、優しさはその人の中から自然に引き出されてきます。

そして、優しさは「伝染」します。つまり人を通じて伝わってゆくのです。人から優しくされれば、自分も優しさで返したいと思うようになるのです。

逆に、陰湿な雰囲気の中、意地悪ばかりされた人は、自分の中にある優しさを閉ざし、自然とそれを自分の内に隠してしまうようになるのではないでしょうか。優しさはもともとは誰もが持っているものですが、環境によって大きく変わってくるのです。

「優しいね」と言われる私の優しさも、つまり周りの環境によって引き出されただけなのです。いつも優しく愛深い人々に囲まれ、守られ、支えられていれば、人は自然と感謝をおぼえ、優しさを外に出すようになるものなのです。

しかし、たとえどんな環境にあろうとも、まず自分から人に優しさを与えられる、どんな時でも自分の中から優しさが溢れ出ている……そんな人間になりたいものです。それが出来たら、その優しさは必ず周囲の人に伝染してゆきます。なぜなら、優しさは誰もが持っているものなのだから。

可能性について

私たち一人一人の中には、さまざまな可能性が存在しています。そして、その可能性は無限です。

ただ、その無限の可能性を引き出すのはなかなか難しいものです。なぜなら、私たちは知らず知らずのうちに自分の実力や可能性を限定し、否定するようになっているからです。自分を信じることが出来なくなった瞬間、無限大にあったその可能性は、限りなくゼロに近いところまで減ってしまいます。

常識や教育、その他さまざまな要因から、私たちは自分の可能性を限定してしまいます。未来への不安や自分の実力に対する自信のなさから、物事をやってみる前から諦めてしまい、自分自身で自分の可能性を奪ってしまうこともあります。

しかし、自分を信じなければ、どんな可能性も目の前に現われてきてはくれま

せん。自分を信じることが出来てこそ、さまざまな道が開けてくるのです。
ただ壮大な夢を見るだけの人はたくさんいます。この世における自分の生き方から逃避するように、夢の中で自分の可能性を無限に発揮しようとするのです。もし自分に自由があったなら、世界中を飛び回っているだろう。もしお金持ちだったら、企業を起こして有名になれるだろう……。それは自分を信じているのでも可能性を引き出しているのでもありません。なぜなら、そういう人は「今の自分には無理な話だけど……」という前提で、その可能性を百パーセント否定した上で夢を見ているからです。

そうではなく、自分の中にある可能性を信じ、それに向かって実際に行動することが出来た時にこそ、自分の中の可能性は現実に、無限大に広がってゆくのです。可能性は自分を信じる人についてきます。逆に自信を失って、諦めてしまった人の前からは、可能性はどんどん姿を消していってしまいます。

このように言うことは簡単です。私自身、自分の経験から、一度失った自信を取り戻すのはとても難しいということを知っています。しかし自分を信じている限り、可能性は必ず見えてくるものなのです。

自分はいつか自信を取り戻せる、と信じること。これは大きな一歩であり、そう信じることで可能性は広がってゆきます。なぜなら、自分を信じなければ何も始まらないのですから。

　ある日突然、誰かが自分の力や才能に気づいてくれて「大丈夫だよ」と後押ししてくれるわけではないのです。他人が自分に自信を与えてくれるのを待っていては、いつまで経っても自分が変わることは出来ません。諦めてしまうのは自分が自分を信じきれていない証拠、ということにまず気づくことです。

　可能性の扉を開く力は、私たち一人一人に平等に与えられています。その扉を自ら開いて前に進むのか、自分を信じきれずに扉を閉ざしたままにしているかの違いです。その扉を開く力は自分を強く信じる心が生み出すものなのです。

　可能性はやはり無限大だと思います。自分を信じることが出来る人には——。

些細なポジティブ・些細なネガティブ

日常生活の中で些細な出来事をどう捉え、どう考えるか。これは大別して、「些細なポジティブ」か「些細なネガティブ」のどちらかに分類されるのではないでしょうか。

省略せずに言うと〝些細なことにもポジティブである〟か、あるいは〝些細なことにもネガティブになってしまう〟かということです。

些細な出来事なんて取るに足らないと思われがちですが、それこそ毎日は些細な出来事で溢れています。その一つ一つの出来事は、私たちの人生に大した影響を及ぼさないかもしれません。しかし、大切なのはその積み重ねです。些細な出来事の積み重ねは、私たちの考え方の基礎となり、ひいては人生を左右するほど重要になってきます。

その些細なポジティブと些細なネガティブの違いを私なりに考えてみますと……まず〝些細なポジティブ〟とは、あらゆる場面で喜びを見出してゆく気持ちの持ち方なのだと思います。どんなことでも一瞬にしていいほうに捉えてしまう考え方です。

例えば、急いでいる時、信号が五回連続で赤になってしまった、仕事でミスをしてしまった、など一見悪いように思える出来事に対しても「きっと赤で待たされることに意味があるのだ」とか、「失敗して人は成長するのだ」というふうに、プラスのほうに考えることが出来るのが〝些細なポジティブ〟の人の考え方です。

逆に〝些細なネガティブ〟とは、日常のさまざまな場面で、くまなく不安要素を見出す気持ちのありようです。友人から連絡がないだけで嫌われたと思い、ちょっとした風邪でも大病なのではないかと心配する。何事においても、どうしたらそれが自分にマイナスに影響しうるかを考え、予期してしまうのです。

では人間関係においてはどうでしょうか。〝些細なポジティブ〟の人は「世の中にはさまざまな人がいるし、考え方もそれぞれだろう」という広い考え方を持ちます。

それに対し〝些細なネガティブ〟の人は、自分の考えや価値観に把《とら》われた狭い見方で人を判断してしまう傾向にあります。その結果、どうしてもマイナスのほ

Rock

うに考えてしまいます。

そのような積み重ねが、結果的に自分の考え方の基盤になってゆくのです。

もちろん人間をこの二つの見方ではっきり分類することは出来ません。あることに関してはポジティブなのに、別のことに関してはネガティブになってしまう、という人もいるかもしれません。

しかし、ちょっとしたきっかけから人は変わることが出来ます。誰だってポジティブに生きたいと思うはずです。けれどもついネガティブになってしまうのです。それを変えるには、より根本的なことに立ち返ってみることです。その根本とは、自分は本来なぜ生まれてきたのかを問い直すことです。

私自身もマイナス思考に走ってしまった時には、自分が今、ここに生きている理由について考えます。大いなる存在に見守られながら生きている自分は、そのことを自ら体験し、表現するために生きている。それを再確認すると、私は小さな自分だけで生きているのではないと感じ、些細なことで不安や心配になることに無意味さを感じることが出来るのです。そして「この生命を限りなく素晴らしいものにしたい」というポジティブな力が湧いてくるのです。

〝些細なポジティブ〟を見つけ、積み重ねてゆくこと。このことが人生をより良く変えてゆく秘訣なのだと思います。

第2章

日常から少し離れて

癒しについて

日本では数年前から〝癒し〟がブームとなっており、多くの人が癒しを求めています。

なぜ今これほど癒しが注目されているのかと考えてみると、それだけ忙しく疲れている人が多いことに気づかされます。疲れきって余裕がない人々……彼らは心と体をホッとさせてくれる何かを求めているのです。そのため〝癒し〟に対する需要が高くなってきたのだと思います。

日本人の多くは、常に時間に追われ、生活に追われ、忙しく働いています。その成果もあり、さまざまな商品が開発され、今や社会は便利なもので溢れています。

しかしその一方で、人間らしい本来の生き方というものを忘れてしまったよう

に思えます。自分の楽しみ、喜びを犠牲にして生きることが当たり前だと信じ込まされているように思えてなりません。そうやって犠牲にされた心と体がＳＯＳを発し、癒しを求めているのではないでしょうか。

癒しを求める心は、本来の自分から発するもので、自然の法則の中で生きている私たちの本能ともいえます。人間は本来、自然に囲まれた中で、時間にもお金にも縛られず、自由に調和して生きてゆけるはずなのに……それが現実的には難しいとしても、束の間でも心身を解きほぐし、生きる喜びと余裕を与えてほしい——そう心が訴えているように思えます。

海外を訪れると、生活のリズムや時間の流れの違いにビックリすることがあります。例えば、オーストラリア国民の一日の平均残業時間は三分位だと聞いたことがあります。多くの人はお昼休みに緑と海に囲まれた野外でジョギングをし、オフィスに設置されているシャワーで汗を流し、少しくらい遅くなっても悠々と午後の仕事に戻るといいます。人によって違いはあれ、多くの人は日々自然に触れながら、自分を見失うこともなく、時間にも縛られずに生きているそうです。

人工的に作られたビルに囲まれ、時間とお金に縛られ、さまざまな不安を感じながら暮らしている多くの日本人には、そのような生活は信じられないでしょう。だからこそ心がゆとりを求め、癒しを欲するのだと思います。

ですから、私は〝癒し〟を求める心をとても大切にしてあげなければ、と思います。癒しを求めるのは本心の訴えであり、自然な欲求だからです。

その欲求を無視せずに、時には自分を解放し、幸せと実感できることをしてみてほしいと思います。目の前の物事に追われるばかりではなく、心ゆくまで趣味を楽しんだり、自然に触れたり、静かに自分と向き合ったりして、ゆったりとした自然の法則の中で生きている自分を思い出してほしいと思うのです。

それが出来た時、〝癒し〟を求める心は自然となくなっているのではないでしょうか。〝癒し〟とは、自分の心の状態を示すバロメーターなのかもしれません。

旅

旅をすること――それはとても素晴らしいことです。ずっと同じ場所に住み、同じ生活のリズムを繰り返していると、人間は自分を取り巻く環境や慣習がすべてだと思いこんでしまいます。

それぞれの住む環境に慣れることは大切なことですが、ともすると、その世界がすべてであるかのような錯覚に陥ってしまいます。自分の生き方、考え方が自分を取り巻く環境により固定されてしまい、それがすべてのように思えてきてしまうのです。

やはり私たちは意識的に視野を広げようとしないかぎり、自分でも気づかぬうちに、ごく限られた物の見方をするようになってしまうことが多々あるものです。

例えば、この世の中には何十億人という人々が住んでいるのに、自分の周りに

いる何人かに否定されたら、すべての人に拒絶されてしまったかのような気になってしまいます。その時、その人にとっては自分の活動範囲が、ある意味世界のすべてなのですから、こういう錯覚に陥るのも無理はありません。

上空から地上を見下ろしてみると、人間一人一人が小さな蟻のように見え、人間はなんてちっぽけな存在なのだろうと感じると言います。このように視点を変えてみれば、今まで自分ですべてだと思って生活してきたその場所は、実は世界全体から見たらほんの一部に過ぎなかった、ということに気づくのです。

それゆえ、今の自分の環境や視野がすべてだと思っている時に、一旦そこから離れて違う視点で自分を見つめることは、とても大切なことだと思うのです。

視野が広がればいろいろなことが見えてきます。八方塞がりに思えていたことが、大丈夫だと思えるようになったり、小さなことでクヨクヨしていた自分が、大きな視野を持つことで改めて頑張る勇気をもらうこともあるのです。しかし自分の環境、仕事、毎日の習慣から離れてみないと、なかなかその視点を変えることは出来ないものです。

そういう時は、旅に出てみると自分の世界を見つめ直すことが出来ます。旅をすることは自分自身の心のリセットになり、自分の中での大切なことや、忙しさの中で忘れていたことを思い出すきっかけを与えてくれます。

また、自分の日頃の生活・環境・土地から離れ、まったく違う生活・環境・土地に触れることによって、自分の中で固まってしまっていた思い、考えから抜け出し、物事に対する新鮮な気持ちを思い起こすことが出来るかもしれません。

また、自分が行きたい、行ってみたいと思う土地には、自分が求めている何かが必ず存在していると私は信じています。人には人柄があるように、土地にも土地柄があります。行きたいと思うところの土地柄が、自分の中にないもの、あるいは自分が求めている何かを教えてくれるのだと思うのです。

ですから、考え方に迷った時、また自分を見つめ直したいと思った時、出来たら自分の生活から少し離れて、自分の行ってみたい土地へと出かけてみるのもいいと思います。

旅は本来の自分を思い出させてくれます。そして求めていた何かを与えてくれるかもしれません。それはきっと、自分自身にとって、新たな大きな財産となることでしょう。

芸術に触れること

芸術とは、人間が言葉のみならず、身体を使って真理を形に表わす方法です。ですから芸術を見る側も、頭だけで理解するのではなく、視覚や聴覚などさまざまな感覚を通して、その真理をキャッチするのだと思います。

芸術に触れると感極まって全身が高揚してきます。それはまさに芸術の中の真理を、五感を使って受け取っている証拠なのです。

先ほどから芸術を真理と書いていますが、私はまさしく芸術とは真理だと思っています。なぜなら、芸術は人々の内なるもの——私たちの中に存在するさまざまな思い、喜び、疑問といったものを外に投げかけ、表現しているものであるからです。

そしてその内なるものとは、自分の中の神なる部分だと思うのです。それゆえ、

芸術とは自分の中の神なるものを、肉体を使って表わそうとする手段だと言えるのです。

例えば舞踏家やオペラ歌手は、肉体が本来持つ力、美しさ、可能性を最大限にまで高め、引き出しているため、見る人を一瞬にして魅了してしまいます。その陰には、並々ならぬ努力と訓練があるわけですが、芸術は〝肉体〟の限界を超え、〝意識〟をも転換させてしまいます。それが私には、神の創造に通ずるように思えるのです。

芸術といってもさまざまな分野があり、ひとくくりにすべてを真理と言うのは難しいかもしれません。

絵画であれ、舞台芸術であれ、音楽であれ、暗く悲しいものもあれば、明るく美しいものもあります。中には理解しにくい暗黒の世界を表現したものもあります。しかしそれもまたすべて、ある面では真理を表わしているのだと思います。

世の中では、その時その時にいろいろな出来事が起きていますが、芸術はその時代を象徴するかのように、その時代の疑問や葛藤を表わしています。それは内なる神の声を作品として昇華し、人々の心に訴えかけているように感じられます。

芸術には正しいも間違いもありません。もちろん道徳的なことはありますが、それを除けばすべては表現する人の自由です。

私たちは本来、自由を与えられて生きています。しかし、日常生活の中では、自分でも気づかぬうちに、さまざまな事柄に縛られています。芸術とは、その日常生活の束縛から離れ、内なる自分と向き合い、自分自身を自由に表現できる場なのです。

芸術は真理です。ですから上手《うま》い下手ではなく、自分と向き合い、その真理を表現しようとすることはとても素晴らしいことなのです。

それは、他人の表現する芸術に触れることでも一緒です。なぜなら、誰が生みなした芸術であれ、そこには真理が溢れているからです。

日常生活から離れ、芸術に触れること。それは自らの魂に触れる貴重な機会だと思います。

自然が教えてくれたこと

ある友人がテーブルの上に転がっていたさくらんぼの種を見てこう言いました。

「この種はある意味、ＩＴ（情報通信技術）よりすごいよね」

突然そう言った友達の言葉を疑いました。ＩＴよりすごいとはどういうことだろう？

「だって、この中にはたくさんの情報が入っているんだよ。この小さな種の中に、大きな木となるための情報が全部詰まっているんだ。すごいと思わない？」

確かに種は大きな力を内在しています。それはＩＴなどの情報革命が起こるはるかずっと昔から存在してきた自然の原理です。その小さな種の中に、誰も創ることの出来ない情報、すなわち「いのちの素《もと》」が詰まっているのです。こんな小さな種の中に、大きくどっしりとした木になる素が入っていると思うと、不思議な気持ちがしました。

そして私は、私の中にあるいのちの力を思ってみました。私たちの中にも大きな大きな力が存在しています。小さな種の中に大きな木になるための情報や力があるのと同じように、私たちの中にも大いなるいのちの力があるのです。

現代社会の常識の中で生活していると、ついそういうことを忘れてしまいます。その種に大きな力を発揮させるため、必要なことはとても単純です。種を土に戻し、日光や栄養を与えてあげる、それだけでいいのです。それだけで種は大きな木に成長してゆくのです。

それと同じように、私たちも周りの環境を整えてゆけば、必ず大きな力を発揮できるようになります。"それは何も不思議なことではないよ。自然の原理なんだよ"と、さくらんぼの種を見ていて教えられたように思いました。

私たちは往々にして、自分の力を忘れてしまう時があります。自分で無理だと決めつけたり、途中で諦めてしまったり……でも、諦めたらそれで終わりです。成果も出せず、自分をも信じられないことになってしまいます。

さくらんぼの種も一日で大きな木になるわけではありません。毎日、日光を浴び、栄養をとって育ってゆきます。だから人間も、自分を信じつづけ、実行しつ

Sachi

づけてゆけば、必ずもっと大きな自分に成長できると思うのです。

　自然は壮大で、私たちを大きく包んでくれます。そして私たちにいつも大きなヒントを与えてくれます。だから、自分を見失った時には、自然に戻ることが大切だと思います。自然に身を任せられるところに行って、体と頭を休めることです。

　自然に戻ると、当たり前のことを忘れていた自分に気づかされます。コンピュータやテレビ、電車、銀行のＡＴＭなど、日々機械に頼って生活している自分、携帯電話を一日忘れただけでとても不安になってしまう自分……。でも、自然に戻るとそういう自分がなぜかとても小さなものに見えてくるのです。

　自然と共存することの大切さ、自然が与えてくれるものの大きさを、さくらんぼの種が教えてくれたように思いました。

第3章

常識だけに把《とら》われない

常識について

常識は、私たちが生きてゆく上で大切な知識です。それは、周りと調和を取りながら生きてゆくために必要不可欠なものです。周りを理解する上でも、共に何かをしてゆく上でも、また自分自身が生きてゆく上でも、常識はすべての土台となり基礎となります。

常識を知らずに取る行動や発言は、明らかに周りの調和を乱すことになります。それは人々に不快感や違和感を与え、非常識だと非難されてしまいます。常識をもって行動することは、人と調和して生きてゆく上でとても重要なことです。

しかし、私は常識がすべてだとは思っていません。常識で自分の行動が抑えつけられてしまう必要もないと思っています。

矛盾しているように聞こえるかもしれませんが、常識を知ることはとても大切

です。しかし常識を信じ、そこに重きを置くあまりに、自分自身の本来の思いや行動を限定されることはないと思うのです。

私は小学校・中学校時代、アメリカとドイツに六年ほど住んでおりました。この経験が私の中の常識に対する考え方を大きく変えました。

日本では常識がたいへん重んじられているように思います。一般的な知識はもちろんのこと、暗黙のルールと考えられるものや、集団の中での規律も、ある意味常識の一つです。また、自分を主張しすぎずに、周りと調和し、周りと同じであることがとても大切だと教えられます。つまり、日本では「和」がとても重要とされます。

そんな日本と日本人を私は誇りに思っていますが、日本では常識がすべてであり、それを破ることはタブーであるかのように思えることがあります。

しかし実際に海外で暮らしてみると、日本の常識はいとも簡単に崩されてしまいます。その時、私は常識とはその場所、その場所で通用する生活の習慣であり、ルールであり、知識なのだと感じました。

もちろん、世界共通の常識というものもありますが、それ以上にその土地ならではの常識というものが存在するのです。常識とは、それぞれの土地で調和して生きてゆく上ではとても大切なものですが、それ以上でもそれ以下でもないのだと、その時に感じたのです。

常識を重んじることは大切です。しかし、自分が本当にやってみたいことや新しい発想に対して「そんなの常識的に無理だよ」とか「常識ではありえないよね」という一言で、その可能性を抑えられる必要などないと思うのです。ましてや、小さい頃〝非常識〟〝変わっている〟の一言で片付けられていた人々が、のちに大きな偉業や成功を収められたという話を読んだり聞いたりすると、なおさらその思いを強めずにはいられません。

人々に不快感を与えたり、迷惑を掛けたりしないかぎり、人は常識によって自分を小さく抑えつけてしまう必要はない、と私は思っています。

偶然と必然

偶然か、必然か。一つ一つの出来事を、このどちらの受け止め方をするかで物事の在り方が大きく違ってきます。

しかし、これは偶然で、あれは必然である、などという境界線も、それを判断する共通のマニュアルや答えも、この世の中には存在しません。すべては自分次第であり、自分がどう捉えるかなのです。

自分の力や意識を超えた出来事、自分の予測や考えが及ばない現象、または不思議な出会いや巡り合わせも、それを自分がどう受け止め、どう取り組んでゆくかなのです。

何かが起こった時、それを偶然という一言で終わらせることも出来ます。しかし、そこに何かしらの意味や大きな目的を見出したならば、それは必然になるでしょう。

すべてのことを自分の力の及ぶ範囲で説明しようとする時、さまざまな出来事は〝偶然〟となるでしょう。自分の力の及ばない、思いもよらずに起きた出来事に、人はただ偶然だと驚くのです。逆に、自分の能力や力以外のものがこの世に存在していると信じる人は、そこに〝必然〟を見出すのだと思います。

すべてのことを偶然だと思って生きてゆくことも出来ます。しかし私は、物事に必然を感じて生きてゆくほうが、自分の人生をうまく導くことが出来ると信じています。どんな小さな出来事にも、意味を認めることが出来るからです。

それは〝偶然〟で片づけていては、決して得られないものです。何事も起こるべくして起きているのだと考えることで、現象の一つ一つを個別に見るのではなく、全体を俯瞰《ふかん》して見つめることが出来るのです。そうすることにより、そこに何かしらの理由や導きを発見できます。

また、自分の直感を信じる人は物事に〝必然〟を見出し、常識を信じる人は〝偶然〟と受け取るようです。直感は、知識のように外から得るものではなく、もともと自分に内在している宇宙とつながった本能のように思えます。それを信じて行動すると、常識を超えた出来事の中に、宇宙の流れやメッセージを見つけることが出来ます。

反対に、常識に生きる人は常識や知識をもとに行動し、それ以上の力や存在を認めることが出来ず、物事の奥にある深い導きや宇宙の流れに気づけないのではないでしょうか。

決して常識がいけないと言っているのではありません。生きてゆくために常識はとても大切なものです。しかし、常識から離れてみると、それまでは得られなかった人生のヒントに出会い、そこに運命的なものを感じることが出来るようになると思うのです。〝偶然〟で片づけてしまうと気づけなかった自分の存在意義、生きる理由や目的にも出会えるかもしれません。

どんな物事の中にも、〝必然〟が隠れていると思います。そこから自分の人生に対するヒントや目的を見出すことが出来たなら、それは自分の生命を生かしきる、自分が本当に望む生き方につながるのではないかと思うのです。

競争について

競争は是なるものか、非なるものか。このことを考えてみたいと思います。

競争とは対立です。競争によって、勝者と敗者が生まれ、力の差がはっきりと目に見える形で明らかになります。それでは良くないという意見もあって、最近では、運動会でお互いを競い合わせる、かけっこなどの競技を中止する小学校もあるようです。しかし、果たして競争はいけないものなのでしょうか。

私たちが暮らしている社会には、さまざまな競争が存在しています。そしてお互いに競い合うことによって、より良い学校、より美しい町づくり、より優れた商品開発がなされたりします。社会ではそのように競争によって常に新たな進化・発展が遂げられています。競争は、人や社会の内なる潜在能力を引き出すきっかけをもたらしてくれているのです。

「火事場の馬鹿力」という言葉もありますが、競争という差し迫った状況では、競争相手の存在が人に〝馬鹿力〟を与え、人の持つ力を最大限に働かせてくれるのです。競う相手がいなければ、あえて必要とされない能力は、引き出されることはないのです。

しかし、それは良いことにも悪いことにも発揮されうることです。軍事力などは、まさしくその悪い例でしょう。また、競争で敗れた人には、大きな屈辱や敗北感が残ることもあるでしょう。

つまり、競争は一歩間違えるととても恐ろしく、悪影響を及ぼすこともありますが、うまく利用すれば素晴らしい結果を生んでくれるものなのです。

では、どういった競争が私たちを生かしてくれるのでしょうか。どういう心構えで取り組めば、競争という〝対立〟をうまく利用することが出来るのでしょうか。

それは、どんな競争であれ、常に心を自分に向けるよう意識することが大切なのだと思います。競う相手がいて初めて競争は成立しますが、相手を負かすことのみに意識を集中させては意味がなくなってしまいます。結果はどうであれ、単に相手を負かすために競争に挑んだのでは、自分を成長させることにはつながりません。

自分と向き合い、自分の可能性を引き出すことに焦点を置いて競争に取り組むことこそが、競争に大きな意味をもたらすのだと思います。

先ほどの運動会の話に戻りますが、例えばかけっこで〝勝った者は強く、負けた者は弱い〟という結果のみに目を向けていたのでは、子供たちに悪影響を及ぼすでしょう。

しかし相手の存在は、あくまでも自分の秘められた力を引き出す要因であり、競争とはどれだけ自分が自分と向き合えるか、自分を諦めないでいられるかを見つめる機会だと考えれば、競争は成長につながり、競争を生かすことが出来ると思います。

相手を負かす競争ではなく、自分に打ち勝つ競争であれば、是と言えるのではないかと思います。

欲望について

人間は誰しもいろいろな欲望を持っています。こうしたい、こうありたい……欲望は、自分のありたい姿や欲しい物への素直な思いの表われです。

しかし、欲しいものがなかなか得られなかったり、なりたい自分になかなかなれなかったり、そうこうするうちにいつしかその欲望に執着してしまうこともあります。私たちはそのように、欲望とともにさまざまな葛藤も経験します。

でも、欲望を持つこと自体は悪いことではないと思います。欲望があるからこそ、人は前に進み、成長を重ねてゆけるからです。ただ、一歩間違えると欲望に目がくらんで理性を失ってしまい、本来の目的や思いからはずれてしまうこともあります。

大切なことは、欲望と理性のバランスをとることだと思います。ただ欲望を抑えつけるだけではかえって欲望が強くなってしまいます。

自分の中で何かしら欲望を感じたら、まずそれを受け止め、素直に認めることです。次に理性をもってその欲望を見つめるのです。なぜ自分はその欲望を持つのか、それは自分に必要なことか、得られるものなのか……。欲望だけに突っ走らず、理性で抑えつけるだけでもなく、素直な気持ちで自分自身が答えを出してあげればいいのです。

常にその両方を考えバランスをとれば、人は欲望を通して成長してゆけるはずです。しかし自らがその欲望を隠し、自分の気持ちを騙してしまえば、欲望は執着に変わります。その結果、欲望に負けてしまうことにもなりかねません。

もし、欲望から解き放たれたいと思うならば、その時はまず、その原因を見つけ出さなければなりません。なぜ欲望が湧いてくるのか、その原因となっているのは何なのか、という部分に目を向けるのです。

ある人は、今の自分にどこか満足しきれないことに気づくでしょう。また別の人は、周りに対する見栄や人の目を気にしていることに思い当たるかもしれません。それらはつまり、本来の自分から出てきたものではないのです。

どんな状況であれ、それを受け止めることが第一歩です。そして次に自分の現状に感謝できるかどうかということが大事になってきます。そして一番必要なの

は、自分は本来神そのものであり、完璧なる魂を持って生まれてきたのだから、自分には無限の可能性があり、本当に必要なものは必ず得ることが出来るということを、自らが信じ、理解することです。

もし、心からそう思うことが出来たなら、さまざまな欲望からきっと解放されるはずです。なぜなら、その時人は「自分」から解放され、本来の神なる自分と一つになっているからです。

「自分」をなくしてしまえば、欲望もなくなってしまうでしょう。しかし魂だけでなく肉体を持つ私たちには、やはりさまざまな欲望が存在します。

しかし、私たちはそれらの欲望を通して成長もしてゆけるのです。大切なことはそのバランスをとること、自分を見つめ、認めてあげることです。

そして私たちが最終的に目指すところは……それは、やはり欲望をなくした自分なのではないでしょうか。

第4章

今を大切に生きる

今を生きる

私たちは皆、平等に与えられた時間の中で生きています。誰もが等しく、一日二十四時間のサイクルで生活しています。たとえそれが同じような日々の繰り返しであっても、その中の一日は一生のうち一日しかなく、過ぎた日に戻ることは出来ません。

時間とは、たとえるなら一方通行の道のようなものです。私たちは後戻りすることも先を急ぐことも出来ずに、ただひたすら前を向いて、新しい大地を踏みしめてゆくのです。どんなに辛くても嬉しくても、悲しくても喜びに満ちていても、その速さは変わらず同じように歩きつづけているのです。

私たちは〝今〟をどれだけ大切にしているでしょう。過去は変えることは出来ません。未来に飛ぶことも出来ません。私たちが自由に変えられるのは、こ

の今という時間しかないのです。

未来はこうしたい。いつかはこうなりたい。いずれは、こう生きてゆきたい……。私たちは未来にいろいろな可能性や、たくさんの夢を抱くことが出来ます。

未来を具体的に描いている人は、自分がどこに向かって行きたいか明確に判っています。そういう人は〝今〟という道をどう進んでゆくべきかがはっきりと見えています。自分の描いたとおりの未来に向かって、一歩一歩進んでいることでしょう。

しかし、おぼろげに〝こうしたい。ああなればいいな〟と思いつつも、どこか具体的な絵が描けずにいる人は、先ばかりに気を取られ、今この時に歩まなければならない道をおろそかにしてしまいがちです。

いつも先を見ているばかりで今を変えようとしないならば、いつまで経ってもその未来は訪れることがないでしょう。未来を変えることが出来るのは今しかないのです。しかし、その今を目一杯生きることを私たちは忘れてしまいがちです。

『一日は一生の縮図なり』と、ある本の中で森信三氏が書かれていました。自分の一生を見当するには、自分の一日をどう使い、どこまで果たせているか見れば分かる――。私はこれを読んだ時にハッとさせられました。

〝いつかは、変わる。今は無理だけれどもいずれはこうなる〟と言いつづけていても、今をきちんと生きていなければ、一生それを言いつづけるだけの人生になってしまいます。過去を後悔しても始まらないのと同じように、未来の夢を抱いているだけでは何も始まらないのです。未来の夢を描けたならば、その道に辿りつける今を大切にしなければならないのです。

人はよく、いつか暇が出来たら、お金が出来たら、結婚したら、子育てが終わったら、仕事を辞めたら……と言います。しかし、そういう問題がクリアーされることを待っていても、何も始まりません。そればかりかその問題がクリアーされた時には、また別の問題が出てくるかもしれません。

今すべきことを先延ばしにせず、一歩一歩進んでゆくことこそ、確実な未来を引き寄せることになるのです。過去に把われるのでも、未来にばかり夢を見るのでもなく、今を精一杯生きたいものです。

雰囲気

この頃、人それぞれが持つ雰囲気というものに興味をひかれます。人は皆それぞれに独特の感じを持っていますが、それは顔のつくりや外見が違うだけではなく、その人の内面が雰囲気として表われているように感じられます。

その人が醸し出す雰囲気から何となくその人の性格まで分かるような気もします。しっかりしてそう……とか、ほんわりしてるな……とか、厳しそう……とか、優しそう……など、さまざまです。顔立ちや体型とはあまり関係なく、性格を知らないはずの初対面の人からもそう感じるものです。

そして、雰囲気はどこから出てくるのだろうと考えていたら、私は赤ちゃんが皆同じような雰囲気を持っていることに気づきました。どの赤ちゃんからも、純粋無垢で明るく愛らしい雰囲気を感じます。

その赤ちゃんが成長するにつれ、それぞれの雰囲気が変わってくることを考えると、雰囲気とは生まれ持ったものではなく、成長してゆく過程で、日頃の行ないや考えが蓄積され、自然と表われてくるものだと思いました。

また、雰囲気は周りに影響されるようにも思われます。類は友を呼ぶと言いますが、確かに似たような雰囲気の人たちは集まるものです。

また、一緒にいることで雰囲気が似てくるということもあるのではないでしょうか。例えば、家族、学校のクラスや会社、サークルなど、特定の集団には独自の雰囲気というものがあります。また、レストランなどに入ると、その店特有の雰囲気があります。

その雰囲気には、トップの人の雰囲気が反映していることが多いようです。トップに立つ人の雰囲気が一緒にいる人に影響を及ぼし、それが全体の雰囲気になっているのでしょう。

職場でいつもイライラしている上司がいると、周りの人もイライラしてきます。いつも笑顔で明るい先生のクラスは、何となく生徒たちも明るい雰囲気になります。

それぞれの人の性格が雰囲気として表われ、その雰囲気が自然と周りの人に影響を与えてゆくのです。

日頃自分が何を考え、どういう言葉を発し、何を行なっているか。また、どういう人々と交流し、共に生活しているか――これらすべてが自分の中に蓄積され、その結果として自分の雰囲気が作られるのだと思います。

逆に言えば、自分の雰囲気は自分の心や日々の考えで変えることが出来るし、また、自分の雰囲気で周りに大きな影響を与えることも出来るということなのだと思います。

だから、私は素敵な経験や良い思いを積み重ね、自分らしい雰囲気を作ってゆくのが楽しみです。自分の雰囲気は、自分自身で築き上げてゆくのですから。

感謝の気持ち

人間は生きてゆく中でいろいろなことに慣れてしまいます。そしていつの間にか、感謝の気持ちを忘れてしまうようになります。

例えば、私たちが今この世に安全に生きていること、義務教育で勉強が出来ること、病気になれば治療を受けられる病院があること……そういう恵まれた環境にあることも、慣れてしまえば当たり前と思うようになって、感謝することを忘れてしまいます。

生きていれば辛いこともあります。学校がテストばかりで嫌になってしまう、会社でもなかなか自分を認めてくれない……でも、感謝を忘れると、人間は不満を募らせ、傲慢になってしまいます。

社会の中で時間に追われて生きていると、目の前にある問題で頭が一杯になっ

てしまい、今ある物に対する感謝の意識が薄れてしまいます。しかし、ふとしたきっかけで自分の傲慢さに気づいたり、あるいは何かを失うことによって初めてその有り難さを思い出したりします。

私も最近ある方の言葉によって、食べ物に対する感謝の気持ちに欠けていることに気づかされました。

「当たり前のことですが……日頃、私たちが食べているもの、そのものこそが、日々私たちの肉体を構成し、維持しているものなのです」この言葉を聞いた時、私は大きな衝撃を感じました。

日常の感覚で、私は好きな時に好きな物を食べられるのは当たり前と思っていました。友人と出かけたら、いくつものレストランから行きたい所を選び、大勢でいろいろなものを頼み、お腹が一杯になったら残してしまう。しかも、味付けが口に合わなければ、ん?と顔をしかめてしまう。私はそんな生活をつい当たり前のことと思うようになっていました。

食べ物が豊富にあることは、もちろんそれだけで大いに感謝すべきことです。しかし、食べ物とは私たちの肉体の細胞一つ一つを作り上げてくれるものであり、私たちの生きるエネルギーとなってくれるものです。

それまで私や私の友人たちにとって、食べ物は自分の肉体を形作ってくれる尊

いものというよりも、楽しみの一つのようなものでした。またある時には、一種のストレス解消でもありました。

しかし食べ物が溢れているから、自分は偏食だから、ストレスを発散したいから……そんな理由で暴飲暴食していたのでは、自分の肉体に対する感謝も、食べ物そのものに対する感謝もないことに気づきました。

何事においても当たり前などというものは存在しません。食べ物を口に出来るということはなおさらのことです。

身近なことの一つとして、まず毎日の食事から感謝の気持ちを忘れないようにしたいと思います。

意識的に生きる

　あんなことをしなければよかった、こんなことを言わなければよかった……。過去の自分の言動を思い返すことは、誰にでもあることと思います。もしあの時にこんな決断をしなければ、この時に反対のほうを選んでおけば……。あとになって、自分の判断を悔やんでしまうこともあると思います。

　私も、些細なことで思い返すことがたくさんあります。でも、過去の自分を責めたり、かつて下した判断をあれこれ後悔することほど意味のないことはないと思うのです。その理由は単純です。過去に把われていても何も変わらないのだし、何事にも偶然はなく、起こるべくして起きていることばかりだからです。

　でも、それは〝何事にも偶然はないのだから、自分の不注意が招く事故も、不用意な一言で相手を傷つけてしまうのも、それはそれで仕方のないことなのだ。

いちいち反省する必要はないのだ“ということではありません。

一瞬一瞬を意識して過ごしていれば、起こらない出来事もあるのです。確かに運命というものは存在すると思いますが、その時々において、自分がどんな行動をとり、どのような結果を引き寄せるかは、自分にゆだねられているのです。

また、いくら考えても、自分の過去を変えることは出来ませんが、今この瞬間に自分のとる行動や、自分の未来を変えてゆくことは出来ます。それは、自分の思いや意識一つで、いくらでも変えてゆけるものなのです。

一瞬一瞬を意識して生きる――一つ一つの言葉を丁寧に選び、どんな小さな行動にも最善の注意を払って生きていたら、どうなるでしょうか。自分の言葉、行動はすべて自分の思い通りに行なわれているのですから、その瞬間を最善に生きているのですから、結果がどうなろうと、そこに後悔はないはずです。無意識に生きているからこそ、後悔が生じてしまうのだと思います。

確かに避けがたい出来事もあります。しかしだからといって、自分の人生におけるすべてが運命であり、自分の考えや判断も、この運命によってもたらされているとするならば、人間がこの世界で経験し、学び取れることは何もなくなってしまいます。人間は、自らの選択がどのような結果を生むかを体験し、そこから何かを学習することで、一歩一歩成長してゆくものだと思うのです。

と言っても、実際に一瞬一瞬を意識して生きるのは容易ではないと思います。でも、意識的に生きたいと思う気持ちが、自分を変えないはずはありません。

私は、過去の出来事に執着するのはいけないことだと思います。過去を振り返っているその瞬間は、自分に与えられた、自分の未来をつくり上げてゆく大切なひとときなのです。せっかくの貴重な時間を後悔に費やしていては、いつまで経っても充実した今を過ごせません。頭の中は自分の失敗で、愚かさでいっぱいになってしまいます。そんな中で、どんな輝かしい未来を描けるのでしょうか。結局は、自分の可能性を、自分自身が打ち消してしまうことになってしまうのです。

過去は変えられないし、未来は分かりません。でも今のこの瞬間は、自分の思うように自由に選択し、行動できるのです。そう思うと、可能性に満ちあふれる今のこの瞬間が、何だかとてもいとおしく思えてきます。そして、今を大切に生きようという意識は必ず自分をよりよく変えてゆくのだと、確信できるのです。

【著者プロフィール】

西園寺由佳（さいおんじ　ゆか）

1980年生まれ。学習院大学法学部卒。小・中学校時代をアメリカとドイツでも過ごす。現在は、白光真宏会副会長として、国際的感覚を生かし、国内外で講演活動と執筆活動を行なう。

白光真宏会出版本部ホームページ
http://www.byakkopress.ne.jp

【写真】
世界文化フォト p1、9、19、26、31、41、42、53、60、69，70、75、80、83、93
細川光司 p16、32、48、59、63、87
及川修次 p20、39、64
西園寺由佳 p15、25、36、47、54、76、85

Words of Wisdom《ワーズ・オブ・ウィズダム》……心のノート……

2004年7月25日　2版発行

著　者　西園寺由佳

装　丁　渡辺美知子

発行者　今　　章

発行所　白光真宏会出版本部
〒418-0102　静岡県富士宮市人穴812-1
電話　0544-29-5109
振替　00120・6・151348
東京出張所
〒101-0064 東京都千代田区猿楽町2-1-16 下平ビル4階
電話　03-5283-5798

印刷所　加賀美印刷株式会社

乱丁・落丁はお取り替えいたします。

Printed in Japan
ISBN4-89214-161-5　C0095